허적인 세월

이 상 엽 제3시집

허적인 세월

이상엽 제3시집

● 시인의 말

그것 시집을 내면 무엇 하느냐고
내 시가 나를 나무라는 것만 같이
정신적 시간적 헛것에 오래도록
공들였는가
그래도 고작 세 번째 시집이지만
그대들을 사랑하기 때문인가 한다

마당 한 귀퉁이 텃밭에 한 포기 해바라기
지팡이 짚고 서서 하늘을 이고
태양을 닮은 한 송이 노란 꽃
이제 가을의 문턱에 노을빛 물들인
홀로 피어난 해바라기 꽃
누구라 같이 바라봐 주었으면 한다

2021년 2월
이상영

제1부
서정(抒情)

● 시인의 말

한 잎 낙엽 2 _ 13
서정(抒情) 1 _ 14
서정(抒情) 2 _ 16
서정(抒情) 3 _ 18
서정(抒情) 4 _ 20
과일 _ 22
코스모스길 _ 23
매미 소리 _ 24
어느 여름밤 _ 25
수박 참외 _ 26
6월이 오면 _ 27
송홧가루 _ 28
뻐꾸기 _ 29
비에 젖은 꽃잎 _ 30
고사리손 _ 31
햇빛이 안겨주는 그리움 _ 32
울타리 _ 34

제2부
흰 구름 먹구름

흰 구름 먹구름 __ 37
징검다리 __ 38
사랑의 떡잎 __ 39
잔염(殘炎) __ 40
뒤뚱대며 간다 __ 41
하늘을 향한 자유 __ 42
조금씩이라도 __ 44
그 하나를 __ 46
큰 사랑 __ 47
변화무상한 세상 __ 48
말은 없어도 __ 49
용꿈 __ 50
시 한 포기 __ 52
짐 __ 53
보인 만큼 보여 주는 거울 __ 54
헌 옷의 희망 __ 55
건더기 __ 56

제3부
숲속에 이야기

산다는 것이 __ 59
바람의 정체(正體) __ 60
등대 하나 __ 61
등산길 __ 62
촛불 1 __ 63
어처구니 __ 64
고요가 신문(訊問)하네 __ 65
영상을 들여다보듯 __ 66
백운대에 올라 __ 67
낙엽 지는 모습 __ 68
숲속의 이야기 __ 69
숲에 죄와 벌이든가 __ 70
겨울나무 1 __ 72
눈으로 듣는 신문 __ 73
한강의 날개 __ 74
잿빛 안개 __ 76
속 깊은 바다 __ 78
좀 그렇다 __ 79
유비무환 __ 80

제4부

허적인 세월

허적인 세월 __ 83
미꾸라지 __ 84
구르는 신발 __ 85
유리창이 녹슬 수 있나 __ 86
물은 흐르고 __ 88
물 타령 __ 89
추어탕 신세 __ 90
구더기의 변신 __ 91
인왕산에 단풍이 지는데 __ 92
쓸모 있는 돌이더냐 __ 94
이젠 그만했으면 __ 95
물과 껍질 __ 96
북한산 까마귀 __ 97
독불장군 __ 98
이제 알 것도 같은데 __ 99
네 박자 소리 __ 100
미덥지 않은 것은 __ 101
교각(橋脚) __ 102
부서지는 소리 __ 103
저 소리 들리는가 __ 104

제5부
목련꽃 그리네

숯이 되어 __ 107
예쁜 사람아! __ 108
아! 당신 __ 109
아직은 불씨가 식지 않았다 __ 110
금자란 보라며 __ 112
울음도 말라 __ 114
망막(茫漠)한 벽 앞에 __ 115
어둠의 사막 __ 116
이제 그 사람은 아니 보이고 __ 117
옆에 아무도 없어 __ 118
그 목소리 __ 119
창밖을 내다보던 자리 __ 120
사랑의 연못 __ 121
목련꽃 그리네 __ 122
잊고자 해도 __ 123
그 사람 __ 124
이 마음 바닷가에 __ 125
마음의 벽 __ 126
통곡 __ 127

제1부

서정(抒情)

한 잎 낙엽 2

질펀히 자리를 틀고 사는 풀잎이나
나뭇잎인들 언제나 푸르기만 할까

계절이 내린 햇빛을 빨아먹고
비바람에 시달리며
무더위 속 거칠게 무성하더니
어느새 짙어진 녹음이 시큰둥해져
점차 붉은 노을에 물들어가고

가을 채비 화려한 단풍잎에
싸늘한 바람이 불어와
미련 없이 떨어지는 낙엽들
언덕 밑 물가 자리에 자리 잡고

동면에 들어가 웅크리고 앉아
한 뼘 석양빛 품에 안고
흙속에 묻히기 전에
희망의 봄맞이 꿈을 꾸는
한 잎 낙엽

서정(抒情) 1

명상 속에 산책을 한다

눈을 감고 조용히 푸른 하늘을 떠올린다
하얀 뭉게구름이 피어오르고
솔개 한 마리 날개를 펴고 빙빙 돌다가
어디론가 구름 속으로 사라지고
산허리에는 아카시아꽃이 춤을 추듯
바람에 휘적휘적 흔들거리고
산뜻한 햇살에 꽃향기 풍겨나는
미처 하늘로 오르지 못한 실타래 구름이
푸른 산허리를 헤엄치듯 휘감는다

늘어진 버들가지 물그림자 드리워진
연못에는 물방개가 물속을 들락이며
잔잔한 수면 위에 물 주름을 일으키고
소금쟁이는 물방울을 굴리며 잘박이는데
소리 없이 나타난 노랑나비 흰나비
쌍쌍이 춤을 추며 날아가고
어디서 쏜살같이 나타난 왕잠자리가
수면 위를 튕기며 모이를 낚아채 사라진다

인기척에 놀란 개구리 한 마리가
훌쩍 물속으로 뛰어드니 물밑 감탕 속에서
낮잠을 즐기던 미꾸라지와 올챙이들이
놀라 꿈틀대며 물속을 흐려놓으니
송사리 떼는 물 가장자리로 몰려들고
둔덕 위 숲속에 까치 한 쌍이 한가롭다
산새 소리 멀리 들려오는 뻐꾸기 소리며
풋풋한 솔향기 꽃향기 속에 윙윙 벌 소리까지
빛에 실려 오는 듯 환한 마음이 가득차지네

서정(抒情) 2

명상 속에 산책을 한다

눈을 감고 파도 소리를 들어 본다
솨 철석! 갈매기 소리 차버리고
해풍은 후덕한 손이 되어
내 머리를 쓰다듬고 시원스레 내달려
두둥실 뭉게구름 어루만져 빛을 뿌리고
등허리를 드러낸 백사장은 길게 엎드려
물장구치며 파도를 밀어낸다

뜨거운 모래 위에 발자국을 남기고
해변 울타리 솔밭을 지나
풀 섶 오솔길에 접어들면
흰나비 노랑나비 쌍쌍이 길을 안내하듯
앞서거니 뒤서거니 나풀거리고
메뚜기가 튀어나오는 둔덕 밭머리에
노란 호박꽃이 피어나 모여든 벌들
윙윙 소리를 내며 꽃가루를 몸에 묻히고
버드나무 아래서 새김질하며 그늘을 즐기는
황소의 등을 스치며 쏜살같이
오이밭 참외밭을 향해 날아간다

시냇물이 흐르는 징검다리를 지나
산자락에 들어서니 산 까치가 날고
계곡물 소리에 숲을 흔들어대는 바람 소리
여치나 매미 짝을 찾는 풀벌레 소리에
갖가지 산새들의 노랫소리 들으며
산길을 오르다 보면 이마에 땀이 흐르고
늘어진 소나무와 바위 사이에서
쏟아지는 폭포수에 발 담그니
시원스레 불어대는 솔바람에
신선(神仙)이 따로 없다

서정(抒情) 3

명상 속에 산책을 한다

아침 해가 솟아오른다
눈부신 햇살이 숲속을 헤집고 비추나
풀잎에 달린 이슬방울이 반짝이고
계곡물 소리 따라 날아드는
새들의 지저귀는 소리에 천국이 따로 없다

한적한 산길에 산비둘기 한 쌍
모이를 찾아 내려와 두리번거리고
우두커니 돌무덤을 깔고 앉아 있는
무덤덤한 바위와 사이에 두고
홍조를 띠고 알알이 익어가는 감나무와
신수 좋은 소나무 한 그루며
텃밭을 일구며 백년해로(百年偕老)하는
할머니 할아버지의 그림자 드리워지고

하얗게 구절초가 피어나 있는
산길 따라 물길 따라 색색의 야생화
들국화 후덕지게 피어나 이슬을 머금고
알알이 익어가는 이름 모를 열매들이 반짝여
보는 눈이 즐거우니 마음도 즐거워라

산허리를 돌아 탁 트인 배추밭 무밭이
안개 속에 싱그럽게 펼쳐져 보이고
옷소매 걷어 올린 아낙네 팔뚝 같은 무 무청이
땅속을 들어내 솟아오른 힘이 배어나
갑자기 김치 깍두기 생각이 나고
밭고랑 건너 산언덕에 나직이 자리한
마을에서 하얀 굴뚝 연기가 피어오르니
그만 배에서 식욕이 동하는지
명상에서 눈을 뜨게 되고
냉장고 쪽으로 시선이 간다

서정(抒情) 4

명상 속에 산책을 한다

밤새 눈이 온 아침 잠자리에서 일어나
문밖을 나서 보니 하얀 세상이 눈부시다
강아지 발자국만이 나 있을 뿐
온 세상이 눈 속에 묻힌 채 평화롭다
담 너머 들리는 닭들의 활개 치는 소리와
집마다 눈 치우는 소리가 들려오고
참새들 외양간 들락이며 짹짹 이는 소리에다
닭들이 여물통 주위에 모여들어 푸드덕대고
소는 되새김질하느라 턱에 고드름이 맺히게
질질 침을 흘리며 입을 우물거리고 있다

집마다 굴뚝에서 연기가 피어오르고
대문 앞에 눈을 치우고 샘터 우물가까지
대충 제설 작업을 마치고 돌아서니
신나게 뒤따라 나선 멍멍이는 앞장서 깡충 뛰며
자기와 같이 놀아달라고 텃밭으로 내달린다
물 길러 나온 아낙네들 뒤따라 나온 개들도
한 무리 어울려 제 세상을 만난 듯 신이 났다
얼음장 같은 파란 하늘엔 비둘기들이 떼 지어
어디 모이가 있을 만한 맨땅을 살피며 날고 있다

해가 중천에 떠오르고 양지바른 언덕에
새들이 날아들어 풀씨를 쪼다가 매서운 매의
공격을 받으면 잽싸게 얼기설기 얽혀 있는
찔레 가시넝쿨 속에 숨어들어 연신 조잘대고
밭두렁을 지나 논두렁 속 빙판에 쌓인 눈을
어느새 모두 치우고 조무래기 아이들이
썰매를 타느라 법석이며 추위를 잊고
또 한곳에서는 연을 날리느라 야단들이다
이렇게 추위 속 하얀 눈은 평화롭기만 하다
70여 년 전 고향에서의 설경을 그려 보았다

과일

대지는
햇빛 따라 눈 뜨며 기지개를 켜고
바람 따라 귀를 열면 새소리
물소리 식욕이 자라나 푸르고
꽃이 피고 잎이 피는 자연은
봄 여름 가을 겨울 계절을 가르고

봄 여름 지나 가을이 오면
열매가 영글어 풍요롭다

누렇게 단풍이 지면
한여름 내내
빛과 바람에다
비 세례를 받아
성년이 된 열매
빨갛게도 노랗게
옷단장 마음 단장하고 드러낸다

하늘 맑은 가을철
어느 집 담장 울타리 위에도
빨갛게 수를 놓고
거리 좌판에도 오색 가득 물들인 과일
한입 가득히 단물 고인 사랑이라
손과 손에 쥐어지는 행복이다

코스모스길

털털 경운기가 농로를 달린다

길섶에 피어난 코스모스 꽃잎이
농부의 머플러가 돼
바람에 휘날리고

시원한 농로를 따라
색색의 꽃잎 나부끼는 속에
환한 웃음 가득 담아
한 마리 나비처럼 나풀나풀
논배미 농부를 향해 손짓하며
걸어오고 있다

새참 광주리 이고
다가오는 새색시의
새하얀 앞치마 팔락이는 모습을
멀리 논두렁에 두루미 한 마리가
길게 목을 드러내 바라보고 있다

이제는 보기 드문 풍경 속을
자장면 배달 오토바이가
그 길을 달리고 있으리라

매미 소리

삼복(三伏)이 지나려니
매미 소리 극성스럽다
이미 녹음 짙은 후끈한 마당에
한여름 느지막하게 나타나
판을 독차지하려는가
소란스럽게 울어댄다

장마가 끝나 가는 막바지 더위 속
한밤중 창틀에 달라붙어서
방 안 불빛을 보고
햇빛으로 착각했나
맴맴 소리 소란스럽다

더위에 설친 잠을 일으켜
물 한 모금으로 목을 적시고
새벽 신문을 펴드니
활자 속에서도
시끄러운 매미 소리가
맴맴 들리는 것 같아
정말 짜증 나는 세상 같아
잠시 한숨을 내쉰다

어느 여름밤

빛을 빨아들이고 열을 뿜어
끈적끈적 땀이 밴 이 여름밤
달빛은 무덤덤한 얼굴로
더위 속에 지치고 나른한 세상을
늘어지게 빛을 발산하고 있다

아파트 창문 불빛은
무더위를 식히느라 자정이 넘도록
꺼질 줄 모르고
더위를 무릅쓰고 잠을 청하려니
매미 소리가 기승을 부린다

땀에 젖은 달빛과 앞 건물에 불빛이
유리 창문턱을 넘어 들어와
잠을 설쳐대는 거실을 조명하니
상체를 드러낸 반라(半裸)에
시큰둥하게 불어대는 선풍기 바람이
안쓰럽기만 하다

수박 참외

수박은 겉이나 속이 화려해
보는 것만으로도 땀이 식는다
잘생긴 탐스러운 물건이다

향 짙은 붉은 수박 한쪽을
개걸 차게 소리 내 씹어 삼키면
땀이 기겁해 달아날 일이매

여름 하면 땀부터 떠오르고
땀 하면 수박 참외가 떠올라
시골 원두막이 생각나고
시원한 냇가에 수박 참외가 그립다

참외를 보면 예쁜 얼굴을 대하는
기분 좋은 향기를 삼키는 맛이라
한층 매미 소리가 크게 들리고
선풍기 바람이 무색해질 일이다

한마당 피서를 그리다 보니
손자, 손녀들이 보고 싶어진다
늘그막에 제일 시원하고 달콤한 것이
무어니 무어니 해도 수박 참외 놓고도
아이들 얼굴 들여다보기다

6월이 오면

6월이 오면 생각나는 6·25
휴전 직후 무렵 치열하게
전투가 벌어졌던 어느 일선 후방
어느 폐허 집터에서의
기억이 아직도 생생히 떠오른다

풀숲에 가려진
어느 폐허의 언덕을 만났다
피해 입은 주춧돌을 찾아보니
주위에 박혀 있는 잔돌이
기억을 떠올리게 할 것이다

무너진 담장 곁에
살아남은 복숭아나무 한 그루에
누구를 위해 이렇게 알알이 열렸나
어쩌다 주인 없는 복숭아 몇 알 따먹으려니
고향 생각이 나 눈물이 났다

70여 년이 지나서도 6월이 오면 생각나는
어느 폐허의 언덕 지금은 수복이 되어
평화로운 마을이 되어 있을 것이다

송홧가루

이른 봄
보송보송한 버들개지
눈 녹아 흐르는 물에
시린 줄도 모르고 발 담그고
일찍 봄 햇살을 즐기며
안개 낀 언덕에 매화꽃을
언제 피었던가 싶게 바라보고

개나리꽃 진달래꽃은 또
언제 피었던가 싶게 철쭉꽃 피고 지고
화창한 5월 연두색 짙은 살구나무에
새 새끼들이 짹짹 분주하게 날아들고
울타리 장미 꽃봉오리들이
서로 마주 보고 웃음보 터트리나

하루가 다르게 녹색 빛이
짙어가는 산골짜기엔
송홧가루 날아들어
촛불에 구슬리는 듯
누구라 빌어보는 목탁 소리에
솔향기 은은히 퍼져나는데
여름은 어느새 와 있네

뻐꾸기

간밤 불어댄 비바람에
진달래 꽃잎 무참히 떨어져
비에 젖어 아침 햇살에
애처롭게 눈물짓고

앞산에서 햇빛 등지고
뻐꾸기란 놈은 왜 저리 울어대나
뒷산에서도 애타하는 소리
뻐꾹뻐꾹!

소나무 숲속에
때까치집에 몰래 들어가
뻐꾸기란 놈 제 놈의 알을 나놓고
간밤 사나운 비바람에
무사할까 걱정스러워
저렇게 울고 있나 **뻐꾹뻐꾹**

원래 음흉한 족속도 새끼 걱정에
이 산 저 산에서 큰 소리로 울어 찾고
제 놈이 키우지도 않을 주제에
새끼 걱정은 왜 하는지
그래서 피는 물보다 진하다 했던가?

비에 젖은 꽃잎

올봄은 왜 이다지 시끄러운가 했더니

간밤에 불어댄 모진 비바람에
진달래 꽃잎 떨어져
성한 것 없이 처절한 몰골로
비에 젖어 울고 있다

앞산에 까치가 깍깍 안절부절
까마귀도 퍼덕이며 까악! 까악
상수리나무 꼭대기 까치집에
청설모가 기어 오르락내리락
까마귀와 기 싸움이 벌어지고 있나
여기도 삼파전인가 소란이다

꽃잎 애처롭게 상처 입고 떨어지고
나뭇가지 피멍이 들게 흔드는
시커먼 숲속 악마들의 날뜀이
이 가지에서 저 가지로
난데없는 제 놈들 세상이다

고사리손

햇빛이 쓰다듬어 잠에서
깨어나는 바스락 소리
잔설 위 짐승 발자국 속에
촉촉하게 물기 어리고
어디서 졸졸 물소리가 들리고
물오른 나뭇가지 끝에 움이 돋아
붉게 상기된 채 하늘을 향해
기지개를 켠다

햇살이 따사롭게 내려앉은
양지받이에 살얼음 쪼아대는
산새 소리 들려오는가 하면
물기 어린 산언덕에
새싹이 빨대처럼 솟아나는
주먹 쥔 고사리손에서
젖을 빠는 소리 들리는 듯
봄이 오는 소리

햇빛이 안겨주는 그리움

잠시
햇빛이 안겨지는 창가에서
따스한 행복감이 스쳐
지그시 눈을 감으니
명상 속에 떠오르는
어린 시절이 그리워진다

쌓인 눈을 치워놓은 마당가
양지바른 돌담을 등지고
예쁜 장도(粧刀)를 가지고
수수깡으로 안경을 만들어
동생들에게 보여주며
무엇인가 만들기를 좋아했다

봄날 집 앞 개울가에 나가
늘어진 버들가지를 잘라
껍질을 빼고 속살에 묻은
달짝지근한 물기를 빨며
버들피리도 만들어 불었다

그 장도는 장식용이라
무른쇠로 만들어져 잘 들진 않았다

어머님이 젊었을 때 입으신
옷고름에 달렸던 장도였으리라
칼집이 하도 예뻐서 쥐고 놓지 못하고
무엇이건 자르고 베고 깎으며 놀았다
참으로 그때가 그립고 그리워지는
희미하게 떠오르는 얼굴들

울타리

밤새껏 울타리를 붙들고
동장군이 눈물을 뿌렸나
창틀에 차가운 물방울이 맺히고
아침 햇살은 봄을 알린다

질척한 마당 한 귀퉁이에
마른풀 패기* 사이 파릇파릇
비에 젖어 울음 반 웃음 반이
한시름 놓은 희망의 눈물이리라

양지바른 언덕 아래
냉이 한 포기 자리 잡고
생명력 햇살을 잡아
눈 녹인 봄바람에 꽃눈이 돋네

* 패기 : 포기의 방언.

제2부

흰 구름 먹구름

흰 구름 먹구름

이런 사연 저런 사연을 담아
뭉쳐진 구름이 무심하게도
세상 소란스러운 소리 뒤로하고
이제 말없이 흘러가고
바람 타고 밀려가네

흰 구름 먹구름이
내 앞에 거울로 다가와
내가 아닌 다른 모습들로
하나둘 떠올려지고
줄줄이 스쳐 지나가지만

언제까지 흐르고 흘러서도
끝내 한 자락 흰 구름 먹구름 속에
잊혀야 할 그리움 하나가
가슴에서 떠나지 않네

징검다리

빛은 길이요 사다리
별을 향해 오르려 하지만
결국 내 발자취 따라
찾아지는 빛이
진정한 축복의 길이라
나 스스로 찾아 나선 인생길
고단하다 말하리

허구한 날 빛을 찾아
길을 찾아 헤맨 한세상
광활한 밤하늘에
별들을 바라보며
물소리 나는 징검다리에
달빛이 비추니
내 건너 불빛 찾은 행복이면
나그네 인생 족하겠지

사랑의 떡잎

생물들의 죽고 사는
연생(緣生)의 보람으로
땅속에 묻힌 사랑의 열매가
떡잎 두 개로 뿌리를 내리고
얼마만큼 줄기를 키워 꽃이 피면
사랑의 결실을 보게 되는 것이
생명의 본질 씨앗이리라

사랑의 달콤함을
입맛 다시듯이 갈구하는 본성이
한입 물 것도 넘길 것도 없는
신비로움을 삼키는 인연의 씨앗이
새싹 떡잎을 보게 되는 결과가
진정한 사랑이라 하지 않겠는가?
그런데 결혼도 안 하고
애도 안 낳는다니

잔염(殘炎)
— 해바라기

잊고자 하는 마음도
잊을 수 없는 마음도
여름내 내딛는 앞에
태양을 그린 한 송이 꽃
지팡이 하나 의지해
이제 노을 앞에 섰다

푸른 하늘보다도
노을 진 하늘에 다가선
한 포기 해바라기
잠시 붉게 비친 저녁노을이
어쩌면 따스한 잔염으로
끝내 영글기 위함이리라

뒤뚱대며 간다

어제는 어제대로
오늘은 오늘대로
산다는 것이 제 혼자
산길을 걸어가는 것이다

어디를 가느냐고?
누가 있어
어찌 답할 수 있으리
산길에 묻는 이도 없는데

네 모양이 너 스스로 가는 길이
바람에 떠밀려가듯 가는데
어깨에 짊어진 짐은 하늘이라
내려놓을 수도 없고
구름처럼 산을 넘을 수도 없는데

진작 곁이 허전함에
말벗이 손끝이라
그림 한 폭 시 한 수가
내 앞에 지팡이가 되어
또 한 해 뒤뚱대며 산길을 간다

하늘을 향한 자유

수령 5백 년이 넘은 저 거목
은행나무를 마주 보고 있으면
존경스러워 보이고
어쩌면 사람 사는 모습은
단풍잎처럼 가벼워 보일까

달리 자유와 평화를
내세우지 않아도 저 거목은
한자리에 뿌리를 내리고
내린 뿌리만큼 가지를 마음껏
하늘을 향해 펼치고
모진 비바람을 이겨 왔으리라

그 연륜을 말해주듯 나무 밑동은
거칠게 주름져 패인 질감이
묵직한 감동으로 다가서
바위같이 강해 보이고
중후함이 오직 가족을 위해 거칠게 살아온
어버이 마음과 손등을 연상케 한다

수직적 수평적 자유를 화합으로
온몸에 받아들여 평화를 이르려고

어느 하나의 가지 끝인들 소홀히 했을까
숱한 모진 풍파를 이겨냈을
저 거목이 아니었을까
오늘날의 한 가정이나 한 나라가
저 나무처럼 똘똘 뭉쳐 산다면
무슨 시련이 두려우랴

조금씩이라도

살자니 먹어야 하듯
마음도 잘 먹고 잘 소화해야 한다
좀처럼 욕심 없이 산다고
밥만 먹는 것이 아니고
물만 마시는 것이 아니고
또 바람만 잡아 마시는 것도 아니니
먹었으면 하는 일 찾아
양심껏 힘을 써야 하지 않을까

누구는 말을 하지
생각은 누구나 하지만
행동은 누구나 다르다고
그래서 살아가는 길이 다르지만
종착은 다 같은 곳이라고 그러니
아무렇게나 한세상 살다가 가면 되지
방종(放縱)을 떨며 쉽게 출세하려 들고
남의 피눈물을 맹물로 보아서야

간도 쓸개도 없이
남이 먹는 것이면 다 먹으려 들고
힘들게 간직한 화려한 종잇장을
피부색으로 내보이고

분수 지나치게 권세나 바라보고
이곳저곳을 기웃거리며 남의
웃음판 싸움판 가리지 않고 끼어들어
뱃속 챙기려 해서도 안 되지
조금씩이라도 양심을 바르게
매끼 밥 먹듯 먹으며 살아야 하리라

그 하나를

누가 오라고 하는 것도 아닌데
산이 좋아 산에 오른다

울퉁불퉁한 산길을
거칠게 숨을 몰아쉬며
누가 예 살고 있어
예서 만나자 했기에
순탄치 않은 길을 홀로 간다

산길을 가다 보면
시야에서 정겹게 손짓하며
맞아주는 구부정한 소나무들이
바람에 힘을 빌려 여유를 부리고
무표정한 바위는 먼 산을 바라본다

나도 따라 먼 산을 바라다보면
바라는 것이 너무도 멀어 보이고
많은 날을 사무치게 그리워하며
그 하나 통일(統一)를 못 이르고 있음에
생각은 머리 위에 떠 있는
한 조각 흰 구름처럼 흘러만 가네

큰 사랑

열 가지 사랑이 전부라면
그중에 한 가지만이라도 큰 사랑으로
날 외면하지 않고 이끌어주어
믿음이 가 한세상 다할 때까지
결코 배신할 수 없다는 것이
나의 운명이리라

세속적인 사랑을
많이 받아 봤는지
또 누굴 그렇게 많이 사랑했는지
이제 와 생각해 보면
그 큰 사랑 하나를 위해
숙맥처럼 살아왔는지 모를 일

앞으로도 나 하나의 남은 인생
후회는 부질없는 일
내 안에 큰 사랑이 있는 한
그 은혜에 보답하기 위해
심력을 다해 살아갈 수밖에

변화무상한 세상

낮과 밤이 끊임없이
돌고 돌아 태어난 12달이
짧고 길어봐야 하루 이틀 차인데
세상사 저질러지고
스스럼없이 굴러가는 현실은
거칠고 변화무상하다

그렇듯 닥치는 세상일들이
중구난방으로 술렁이다 살아지고
막연히 달빛 별빛을 품고
숨차게 달려온 발걸음
다져져야 할 365일이 질척거릴 뿐
그저 휩쓸려 굴러가야 하나

어쩔 수 없이 머뭇거리는 현실 앞에
거칠게 불어대는 바람도
회오리바람처럼 오래 머물지 않기를 바라며
새해는 어둠의 정점을 벗어나
남은 인생 힘주어 발걸음 내디디며
정신을 가다듬고 살아보자

말은 없어도

말은 없어도
청산유수는 눈으로 말하고
그대 없이 절경을 말할 수 있으리
묵묵히 자리 잡은 우람한 바위와
멋들어진 소나무 함께 자리해
어깨동무하니 나도야
모여드는 새소리 바람 소리
물소리가 어울려 흐르고

귀는 따로 없어도
사시사철 불어대는 바람 따라
세상사 우여곡절
숱한 이야기 들어 있는
천 리를 내다보는 저 산하(山河)
열린 입은 따로 없어도
끈질기게 지켜내고 지켜나갈
대담무쌍한 듬직함이
우리네 조급한 일상을 일깨워 주네

용꿈

용은 물과 불을 가상한
동물의 형상이 아니겠는가?
물과 불 없이 세상이 굴러갈까
움켜쥐려 해도 쥘 수 없는 물과 불은
누구나 몸에 지니고 태어나는
기(氣)를 말함도 되리라

본 적 없는 그 용꿈(希望)이
미꾸라지인지 이무기인지
받아들일 대책인들 분명하랴
그놈을 만날 수 있을지
점지해 주는 이도 없고

태어날 때부터 등에다
알아볼 수 없게 마스코트를 새기고 나와
울음을 터트리지 않았으랴
그놈이 분명 용일 거라고 꿈을 꿔도
좀처럼 내 앞에 나타나 주지 않는다

살다 보면 나타나 주겠지
인내하고 믿으면서 사는 자체가 용이 아니겠는가?
누가 속이고 속아서 세상 산다고 말하리

내가 알아보지 못했다 뿐
용은 분명 내 안에 있는 것을

모든 것을 알고 태어났다면
죽는 것 빼고
이 세상에서 할 일이 무엇이 있겠는가?

시 한 포기

봄은 본다는 봄인가
볼 것도 많고
웃을 일도 많아지는
꽃 피는 계절이라
이 마음에도 꽃이 피리

화사하고 아름답게 수놓은 듯
강산이 꽃동산이라
일찍이 입춘대길이라 써 붙인
대문 밖이 온통 축복의 꽃밭이라

올 한 해에 받아들일
축복의 꽃다발은 무엇이 될까
희망의 꽃이 활짝 피고 또 피어
결실이 한 아름 되기를 바라며
화창한 봄날에 시 한 포기 심어본다

짐

생존한다는 것은
짐을 지고 가는 가치를 말함이리라
이 큰 짐이 무엇일까

아기가 태어나자마자
울음소리부터 내지르는 것은
대물림의 짐을 지워 낳았기 때문일까

낳은 아이를 힘들여 키워
성년이 되고 나면
시집장가를 가야 하는 것은
짐 지울 자식을 낳기 위함만은 아닐 것이다

누구나 사람 구실을 한다는 것은
짐을 벗기 위한 노력으로
자기라는 개체를 완성하기 위해
스스로 입지를 꾸려 나가는 것이리라

보인 만큼 보여 주는 거울

거울은 솔직하다
보인 만큼 나를 보여 준다
내가 내 얼굴을 보기 위해
또 남에게 보이기 위해
거울 앞에서 넥타이를 매 본다

그렇듯이
마음을 들여다보는 거울 아닌 거울은
어떤 것이 있을까 양심일까
선현(先賢)들의 기록이나
발자취를 들여다보는 것이 있겠고
훌륭한 윗대 조상이나 부모 또는
위인들이 담긴 모본이 있을 것이다
또한 스승이나 친구가 있어
본보기가 양심의 거울일 것이다

훗날 내가 어렵사리 펴낸 나의 시가
조각 거울로라도 남겨져
누군가 집어 들어 마음을 비쳐 보는
긍정의 시각으로 들여다볼 수 있다면
내 삶은 헛되지 않았으리라

헌 옷의 희망

무척이나 아끼며 입었다
추울세라 더울세라 헌신했지
내 몸을 감싸 주어 따스했고
외출할 때면 더럽혀질까
신경을 써 가며 입었는데

몸에 걸치고 나서 보면
한껏 멋 나 보이고
넥타이에 머플러로 목을 받쳐 준
하얀 와이셔츠며 티셔츠가
산뜻하게 살갗을 빛냈지

고상하고 단정해 보이도록
멋지게 한몫을 다 하고 나면
살아 있는 마네킹이 돼 보이고
패션모델처럼 거울 앞에서
흐뭇해하는 나를 보는 너였는데

세월이 너를 외면하게 되었지만
편안하고 넉넉함이 배어 있어
쌓인 연민이 차마 내칠 수 없기에
오랫동안 옷걸이에 걸어둔 너나
외출이 뜸해진 나나 남은 세월에
아직은 희망으로 걸어두자

건더기

보름달이 그믐달이 되고
초승달이 보름달이 되듯이
둥글게 빛을 채우며 비우며
한결같이 흘러간다

이 마음 일 년 내내 하루같이
시라는 건더기를 찾아
내 삶에 진실의 빛을 채우려
알고자 얻고자 하다 보니
해 끝은 왜 이리 무기력해 보이나

모짊음의 마음도 둥글게
어떤 날은 구름에 가려지고
어느 날은 비바람에 시달려도
달빛은 아랑곳하지 않고
한결같은 제 얼굴로 흘러간다

보름마다 비우면서
채워지는 저 달빛 속 그림자가
건더기로 구름에 가려진다 해도
진국이 되어 시다운 시로 불리듯이
내 또한 정성 들여 건더기가 있는
시를 끓여 보려 하느니

제3부

숲속에 이야기

산다는 것이

어쩌면 산다는 것이
고독한 여정이라 했던가?
사계절을 거치는 동안
겪는 희로애락(喜怒哀樂) 중
어느 하나만을 원한다고
받아들일 수 있는가

즐거움이라든지
고생이라든지
또는 성공이라든지
실패라든지
또는 사랑이라든지
미움이라든지
정이라든지
또는 이별이라든지
슬픔이라든지
아픔이라든지
이런 일들이 더불어 생겨나는
우리라는 관계의 파도 위에
던져진 희망의 부표(浮漂)를
하나둘 걷어 올려 보면서
긍정(肯定)의 단물로 목을 적시며
고독한 여행을 하는 것이리라

바람의 정체(正體)

쭉정이는 되지 말아야지
알갱이로 껍질을 벗어야지
힘들게 살아가는 생물들에
불어대는 바람은 말하리라

한 떨기 꽃이 피는 것을 보고
한 잎 낙엽이 지는 것을 보면서
나는 무엇이냐고
무심하지 않게 스치며
심술도 부리노라고

사랑한다면서
이해한다며 마음 아파한다면서
살아남기 위한 몸부림도 쳐보고
사정없이 폭풍도 몰아쳐
모질게 구는 것도 사랑 표시라 할까

볼 수도 잡을 수도 없는 존재
불어대고 건드려야 알아보는 바람
느끼고 몸에 와닿는 덕에
꽃이 피고 열매 맺는다는 자연 속의
필요불가결의 정체라
햇빛 리모컨에 따르나 보다

등대 하나

믿을 곳은 오로지
허심에 심어 놓은 등대 하나
망망대해 거친 파도를 헤치고
돌아갈 때 후회 없는 삶 있을까
만선의 꿈을 싣고 돌아오기를
그 하나를 위한 등대
무심한 파도 소리 들으며
바닷가를 굽어보고 있네

사랑이라는 낱말은 갈매기가 삼키고
외로움이 파도에 쓸려 나고
밀려오는 백사장에 홀로 걸어보는
끊임없이 불어 대는 바닷바람에
물결처럼 주름살만 깊어지고
뜨고 지는 해와 달은 한결같아
언제까지 오늘을 있게 하려나
하늘을 보나 바다를 보나
별빛만이 찬란한데

등산길

등산길 큰 소나무 아래서
내가 오를 산봉우리를 올려다보려니
나뭇가지에 가려 보이지 않고
계곡물 소리만이 발길을 가볍게 한다

땀을 닦아내며 힘들게
산 정상에 올라와 내려다보니
그 소나무들과 활엽수가 빼곡히
이 산봉우리를 떠받들고 있고

둘레 넓은 세상 내려다보려니
아득한 하늘 품에 안긴 듯
시원한 바람 불어주니
어디다 비할 수 없는 상쾌함이
힘들게 발끝에서 열렸음에
아! 걸음아 감사하느니

촛불 1

이 마음 돌이 되게
태우고 사르는 촛불
바위에 앉아
돌이 되고자 빌어 봅니다

움직여 주기를
비켜나 주기를

어둠을 밝히고자
불꽃을 남실대며
바람 깃을 잡고 애원해도
어둠은 나를 에워싸
발버둥 치며
평생 촛불로 살아
눈물만 흘리고
심지만 타들어 갈 뿐
이 마음 변해지는 것은
돌이 되어지기보다는
흙이 되어 가는 것

어처구니

시 한 줄 만나 보려고
생각 속에 시상을 떠올려 보지만
어떨 때는 소나기처럼 쏟아져
흥분으로 뒤치락대다가도
때로는 가랑비에 옷이 젖듯
촉촉이 배어드는 마음 하나에
귀 기울이다 보면
심신이 평온해져 잠이 오고

때로는 그리움의 인기척이나
바람 소리에도 귀 기울여 보지만
나타나 주지 않던 생각들이
잠들라 할 때 비로써
문 두들기듯 나타난 사연(辭緣)에
가슴 설레며 일어나 앉아
떠올린 시 한 수에 제목 하나가
딴엔 어처구니없다니

고요가 신문(訊問)하네

홀로 앉아 있으면
어둠이 고요를 감싸고
침묵이 몰려들어 나를 포박하네

주위를 휘 돌아보니
배심원처럼
책꽂이에 책들이 지켜보고 있고
탁자 위에 놓인 하얀 종이 한 장에
시 한 줄이
신문하는 검사처럼
나를 쳐다보고 묻네

바로 이거냐고

영상을 들여다보듯

시상(詩想)에서
흑백에 한 점 빛이 돼 보는
물방울 속에 비친
자연의 영상을 들여다보듯

눈에 펼쳐진 자연의
어느 한 자락에서 벌어지는
생육의 자율을 벗어나거나
즐겁다고 노래하고 춤을 추고
사방에서 별별 바람이 불어
일어나는 사건 무게에 따라
변화하는 환경에 적응하느라
난장판 같은 생존 경쟁의 부조리 등
벌어지는 요지경 속 세상을 보고
무지개를 떠올려 보면서

한순간 소란스럽게
한바탕 장마가 거쳐 간 뒤에
마당 한 귀퉁이 꽃밭에
채송화꽃에서 어린 시절
색동저고리를 떠올리며
날아드는 벌과 나비에
시선이 가는 그림이듯이

백운대에 올라

북한산 백운대에 올라서서
혹시나 개성 송학산이 보일까
바라보는 하늘에 오늘도
한 무리 떼거지 구름만이
동서로 뻗어 가려져 있다
언제쯤 바라볼 수 있을는지

저! 굽이굽이 서리어 흐르는
한강이며 임진강은 또 언제쯤
안개 아닌 미세먼지 속에서
찌푸린 얼굴을 펴 보이고
오랜 세월 얽힌 매듭을 풀고
서해를 향해 번쩍이며 흐르려나?

낙엽 지는 모습

아름답게 물든 낙엽이
오직 마음 하나 담백하게 품은 채
길 위에도 물 위에도 떨어져
숙연(肅然)이 내려놓는다

후회도 미련도 없이
맑은 심성 그대로
마지막 눈을 감는 고운 모습이
가슴에 와닿는 자연스러움이여

저리도 평화로워라
사계절의 빛을 한 몸에 지니고
화려한 옷으로 갈아입고
떠나는 아름다움이여!

숲속의 이야기

산골짜기 숲속을 걷다 보면
심신의 그림자는 묻혀버리고
시원한 바람 소리 물소리에
새소리가 화음을 이르니
지친 땀도 묻혀 버린다

나무 그늘에 주저앉아
이야기 나누자 하니
풀벌레가 한몫하자고 나서고
나비도 날아들어 팔락이고
소나무부터 많은 나무들이
줄줄이 다가서 귀 기울이는데

흔들흔들 바람이 끼어들어
치근대며 어깨를 비벼대고
새들의 지저귀는 소리 따라
내 말은 없이 서로 듣기만 하는
평화로운 숲속의 이야기가 있네

숲에 죄와 벌이든가

숲의 생존 조건들은
주어진 대로 닥치는 대로
자연 속에 서로 의존하며
해와 달별을 바라다보며
속삭이고 수군대며 때로는 겁나게
바람에 부대끼며 산다 하리라

나무와 나무끼리 가지와 가지끼리
잎과 잎이 바람에 흔들리고
춤을 추는지 자리다툼은 없다
사철 자연이 주는 대로
영양과 수분을 빨아 먹고
햇빛을 받아 마시며 산다 하리

가끔은 이런저런 바람이
심심치 않게 사이사이 불어주어
빛을 나누는 역할에다
밤에는 별빛이 안겨져
가지 끝을 잡고 춤을 추고
사랑이 깃드는 소리도 들리지만

어느 날 갑자기
사납게 돌변한 폭풍이 몰아쳐
온 세상이 뒤집힐 듯이
숲은 속수무책으로 당하지만
이 포악한 비바람도 자연에
순응할 수밖에 없는
숲에 죄와 벌이든가

겨울나무 1

훌훌 벗어 버렸다
바람을 덜 받기 위함은 아니지만
바람을 피할 수만 없는 일
차라리 시원하게 턱을 들고
팔짱을 끼고 맞서고 섰다

제자리를 지키기 위해
때로는 흔들흔들 흔들어대고
달려드는 눈비를 맞아 가면서
힘과 인내심을 키우고

엄동설한 문을 닫아걸고
아랫목에 엉덩이를 붙인 채
두 손을 깔고 앉아
무심을 익힐 수만 없어
눈이 쌓인 땅속 불을 지핀다

계절 속으로 알차지게
뿌리를 뻗어 내리고
일찌감치 사방에서 불어 닥칠
새바람을 맞을 채비를 한
가지 끝이 야멸차다

눈으로 듣는 신문

신문은 눈으로 듣는 소리 담은
만능박사 풍각쟁이시다
매일같이 새벽에 찾아주어
두 손으로 마주 잡아 보면
갖은 악기 소리에 새소리 짐승 소리
자동차 기차 소리에 비행기 소리
와자지껄 노래하고 춤추는 소리
운동장에서 응원하는 소리
어디서 숨넘어가는 소리에
세상 곳곳에서 총소리가 나는가 하면
폭탄 터지는 소리 비명 소리
의사당에서 정치싸움 하는 소리
광화문 광장에서 데모하는 소리
경찰차 소방차 사이렌 소리소리
못 내는 소리 없이 들려준다
이런 풍각쟁이 박사님이 늘 찾아와
세상 돌아가는 소리를 들려주니
답답하지 않아 매일 기다려진다

한강의 날개

한강 물이 뻔지르르하게 흐름은
오직 옛날 같지 않은 오늘의 모습이다
서울의 중심이 되어 유유히 흐르고
뱃사공 노랫소리 간데없고
유람선 기적 소리에 어울려 유행가만이
잔디밭 고수부지에 울려 퍼진다

쌓아놓은 상자 더미 같은 고층아파트에 가려져
멀리 바라보이던 북한산 위용(威容)
짝사랑할 상대가 없어진 듯 아쉬워라
빌딩 숲은 하루가 다르게 솟고
그 속에 행복의 열매는
얼마나 오밀조밀 열리고
옛날 같지 않은 사랑과 행복이 넘치는지

이제는 수많은 한강 다리 놓인 위로
강남이고 강북이고 줄줄이 달리는 차 속에
얼마나 많은 행복을 실어 나르며
얼마나 즐거운 한강수노래 부르리
지금은 유람선 엔진 소리가 젊음을 부르고
색색의 윈드서핑 날개가 펄럭인다

이래도 흐르고 저래도 흘러온 한강
또 다른 너의 모습은 언제일는지
갖가지 놀이터며 수영장에 백사장도 펼쳐놓고
옛날처럼 뚝섬에서 수영을 하고
수영복 차림으로 북한산 관악산을
줄줄이 매달려 오르내리는
편리함이 좋아
멀지 않아 올 것 같은
그런 날을 그려보네

잿빛 안개

우물물을 마음을 놓고
마시지 못하는 세상

안개 속에 무엇이 보이나
보이는 것 없이 보아야 하고
색 없이 색을 가려가며
저 언덕 너머 저 산 아래
잿빛 안개 끼어 있는 도시에서
아근바근 살아가는 현실을 보게 된다면

소란스러움에 귀가 막힐 일이다
코가 막히고 눈물이 나고
생 땀이 흐르고 피가 맺히는
이런 세상이 되고 만다면
땀샘 같은 하수구도
잿빛 먼지로 가득 차
구정물 한 방울 흘러나오지 않고
녹물마저 말라버린다면—
동맥경화로 끝장으로 간 세상이리라

이 강산 방방곡곡(坊坊曲曲)에는
파란 하늘 아래 하얀 안개가 피어오르고

꽃이 피고 열매 맺는 산야에서
갖가지 동식물이 어울려서
함께 부스럭대며 살아가는 이 땅
12지(支) 신상(神像)을 지닌
만물의 영장(靈長)이 사는 터전인데
안개 아닌 잿빛 먼지로 더럽혀지다니

속 깊은 바다

바다는 하늘을 이고 품고 살아 있다

그 속 깊은 바다의 마음은
무한대로의 존재감에서
부족함은 상관없이
불만이 본심인 양 파도를 치다가
제풀에 잔잔해지는 사색도 깊은 바다

바다는 제멋대로
요동칠 수만은 없다는 것을 알아
하늘 아래 지평을 이르다가도
때로는 어느 땅끝 마을에서
입김이 서리고 바람이 일면
거칠게 심통을 부린다

마저 삼키지 못한
대지를 향해 분풀이하듯
때로는 요동치고 넘실거리다가도
육지가 없을 때 속 깊은 바다도
존재할 가치가 없다는 것을 알기에
그만 시원스레 파도만 치고
물거품을 내뱉는다

좀 그렇다

과일이 잘 익어야 달지만
덜 익었을 때는 희망이 달다
지나치게 익으면 썩기 시작해
정점을 찍고 나면 쓸쓸해지듯이
나름에 인생 희망으로 산다

무엇이건
많으면 좋을 것 같지만
부담으로 눈을 멀게 하고
마음에 찌꺼기가 쌓이게 되니
자기도 모르는 사이에
곰팡이 냄새가 나 좀 그렇다

나무는 뿌리나 가지가
최선의 부합(符合)된 조화를 이루며
계절 따라 얽혀져 물 흐르듯이
고인 물보다 흐르는 물
희망으로 살아간다 하리라

유비무환

저녁 밥상을 물리고
지상에서 가장 편한 자세의 순간을
만끽하려는 찰나에
난데없이 사이렌 소린가 싶더니
피에 금줄인 모기 한 마리의 공격이다
마치 장사정포 포탄이 날아오는 윙 소리
자동시스템이 발동 손바닥을 날린다

아뿔싸 이마에서 찰싹 소리
다행히도 빗맞은 사격에
혼비백산해 쏜살같이 달아난
모기란 놈 내 피 대신
달콤한 꿀잠을 훔쳐 달아났다
유비무환이라 하지 안 턴가
준비된 미사일(모기약)을 발사
맛을 보여주고야 말 것이다

제4부

허적인 세월

허적인 세월

굽이굽이 부딪히며 흐르는 물결 따라
허적인 굴곡진 참상을
문덕거린 세월이 역사려니

그 물줄기 벼랑을 만날 때마다
물결 소리 거칠게 거품이 일고 휘돌아 흐르는
옛 노들나루 언덕에 올곧은 산발머리인듯
늘어진 버들가지를 강바람이 무심히 흔들어대고

내 알 바 없는 강 건너에서 덩실덩실 춤을 추나
여의도 벚꽃 축제가 풍선에 실어 날리고
한여름 매미 소리는
무더위와 함께 언제 있었던가 싶게
몇 차례 태풍이 불고 나니 여름은 수그러지고

어느새 가을로 접어든 서울 하늘에는
한 서린 흰 구름 먹구름이 내로남불로
요동치는 광경을 실어 담아
한강물에 번득이며 흘러 흘러서
밤섬을 돌아 임진강 물굽이를 향해 흐르나
김포벌 경인 아라뱃길을 향해 흐르나

하늘과 맞닿게 펼쳐 보이는 서해로
쓰디쓴 역사의 흔적 강화도에
오늘 단맛으로 여행을 나섰다

미꾸라지

한바탕 소낙비에
샤워한 대지(大地) 위에서
무지개가 둥글게 웃고 있다
무엇을 내려다보고 있기에

난데없이 미꾸라지 한 마리가
흙탕물 뒤집어쓰고 마당 한가운데서
오도 가도 못 하고 꿈틀대고 있다
어쩌다 용이 된 기분 억제 못 해
장대비를 거슬러
솟구쳐 오르다 떨어졌나 보다

애처로워
물가에 놓아주려 해도
성질은 있다고 좀처럼 잡히지 않아
발끝으로 도랑에 쳐 넣으니
꿈틀대며 물을 휘젓고 나 살려라
떠내려가는 미꾸라지

구르는 신발

산길을 가다가 느슨해진
신발 끈을 다시 묶으려 하니
한 손만 가지고는 할 수가 없어
다른 한 손에 쥐어진
집착의 지팡이를 내려놓고
두 손으로 묶어야만 했다
한 손으로 할 수 있는 일이 있고
두 손이어야만 되는 일이 있듯이
하나를 위해서 둘이 합쳐야 한다는 것을—

구르는 신발 자동차 바퀴를 생각했다
바퀴 하나로는 차가 굴러갈 수 없듯이
설혹 있다 해도 자전거 바퀴 하나에 올라타
재주 부리는 쇼에 지나지 않다
두 바퀴 이상이 되어야 달릴 수 있지만
만약 두세 바퀴 오토바이처럼 굴러간다면
앞바퀴 따라 뒷바퀴는 무조건 뒤따라 구르는
독재로 달리는 것이되 불안하다
네 바퀴로 균형을 잡아 구르는 자가용 차가
편안하게 달릴 수 있는 것처럼

유리창이 녹슬 수 있나

세상은 진열장 속이다
하늘에 미세먼지와 매연이
때로는 황사가 날아와
이끼처럼 달라붙어 쌓인다

유리창(하늘)에는 비바람 불고나면
먼지가 쌓이기도 사라지기도 하지만
속속들이 숨어드는 저변에
고질적이게 녹이 슬고 부패해
진열창 속 비밀이 되다보면
암 덩어리로 굳어지는 현실이다

녹슬게 되는 것은 유리창이 아니라
생존 경쟁이 뱉어내는 행위에서
유형무형의 부정의 질감들이 쌓여
정신적 스트레스인 암의 씨앗을
먼지로 코팅해 버리는 세상이 되다보면
곪아터질 진열장 속이 문제다

눈부시게 산업 발전이 몰고 오는
가시권의 해(害)가 드러나는

이 땅의 암적 존재를 제거하는 일을
첨단 과학에 힘입은 AI나 로봇 등
인공지능이 진열장 속 문제 해결이
가능해질지 기대해 본다

물은 흐르고

계곡물이면 계곡물답게
산새 소리 추임새로 도란도란 흐르다
벼랑에 닿으면 폭포 소리를 내지르고
그때그때 부대끼는 대로
소리 내 흐르고 흘러서

강물이면 강물답게 조금은 여유 있게
구름과 같이 이 산 저 산 굽이돌아
논밭에 물을 대주고 목마름을 달래고
이 마을 저 마을에서 흘러나오는
노랫가락에 민심을 싣고 흐르고

바닷물이면 바닷물답게
출렁이는 파도를 타고
이 나라 저 나라 낯설음을 실어 나르고
때로는 하늘이 무어라 입김을 불어대면
사납게 폭풍이 일어 파도가 치솟다가도
또 하늘이 무어라 햇빛을 주어 달래면
넘실대는 파도는 춤을 추듯 출렁대지

물 타령

열에 하나 혹시 했는데
열에 아홉이 역시나
스마트폰을 들고 다니다가
때가 되어 비빔밥 한 그릇 뚝딱 비우고
물 마시고 차 마시며 물 타령이다
그 인물 그 건물에 그 물건 하며
물 타령이다

말 많은 세상 보는 눈도 많은데
맹물 국물 흙탕물 잡다한 물속에서
어떤 물을 적폐 물이라고
손끝으로 밀고 당기고 휘젓고
이것저것 귓구멍으로 살펴보고
소란스레 걸러내고 보니 역시나
그 물에 그 나물 그 비빔밥 차지

추어탕 신세

고여 있는 흙탕물 속에서
맨발에 맨손으로 미꾸라지 잡는다고
온통 휘젓는 흙탕물 속 난리다
몇 마리나 잡았는지
얼마나 잡아야 속이 채워질지
온몸에 감탕을 뒤집어쓰고
몰골 아랑곳하지 않은 채
뛰어든 무리들

많은 혀끝을 달래 주기 위해
추어탕을 끓인다고 잡다한 채소와
고추 파 마늘 간장 된장 고추장
갖가지 향신료에 식용유도 부어 넣고
그릇을 채워 주기 위해
물 타기로 늘여 채워 펄펄 끓이며
땀나게 휘저어 죽탕이 된 것을
맛으로 먹는 추어탕인가
몸보신의 추어탕인가?

구더기의 변신

먹을 것 걱정 없이
똥통에 쉬쓸어 태어난 구더기
먹기만 하면 통통하게 살이 쪄
드디어 변신할 채비를 한다

슬슬 꿈틀대며 몰려다니다가
이 구석 저 구석에서 숨 고르고
얌체 본색을 드러내 드디어
파리로 변신해 날개를 편다

파리는 골통 속 리모컨 따라
여기저기 부패된 구린내를 찾아
구질구질하게 더러운 발끝으로
장소도 가리지 않고 달려든다

눈치를 본다거나 체면 따위는 없다
튀어나온 눈알을 사방으로 굴리며
날개만 믿고 손발을 삭삭 비벼대며
또다시 쉬쓸 장소를 찾는다

인왕산에 단풍이 지는데

인왕산 단풍이 붉게 물들고
경복궁에 고목이 수려하게 단풍이 져
가을바람에 휘날리고
고궁은 절벽처럼 말이 없는데

이 나라 이 조국의 숙제로서
문제는 낙엽 구르는 소리는 없이
내로남불 노래만 들리고
언제까지 광장에 촛불만 불 밝히나

광장에 촛불 쥔 손과 얼굴에
붉게 물든 빛은 무엇을 말함이며
또 한곳에선 태극기 물결이 이는 것은
무엇을 말함인가

이 광장에는 세종대왕의 동상이
자리 잡고 무엇을 말하고 있으며
그 앞에 이순신 장군의 동상은 또
눈을 부릅뜨고 무엇을 꾸짖고
멀리에 시선(국방)을 두지 못할까

광화문이라는 현판은 무엇을 말함인가
인파의 물결은 한 손엔 촛불을 들고
또 한 손엔 스마트폰을 들었으니
더 쥘 손이 없어 보다 못해 태극기는
어른들이 대신 들고 나섰는가

쓸모 있는 돌이더냐

산길을 가다 걷어 채인
돌을 보고 화를 내랴
무덤덤한 바위를 보며
산도 절로 나도 절로
흙과 돌이 있어 절로 같이

여기저기 드러낸 돌부리들
흙 속에 묻혀 있을 땐 언제고
땅 위에 드러나니 제 세상처럼
태양이 뜨겁다고 시비하나
언제고 몰고 올 산사태로
땅속에 묻힌들 상관하랴

드러내거나 묻히거나
쓸모 있고 없고 돌은 돌인데
흙 속에 뼈대처럼 묻혀 있던 돌이
주춧돌이 되고 성곽을 쌓고
건물을 지을 때 돌담이 되지만
이제 춤추는 돌이 돼 구를까
쓸모 있는 돌이라도 그건 아니지

이젠 그만했으면

이제 살 만한 세상인데
옛날을 생각해서도
앞날을 염려해서도
상처 내고 갈라지는 일 이제 그만했으면

내가 가진 것 아는 것이 전부일 수 없고
내가 잃은 것 모자라는 것이 전부가 아니라면
갈라지는 소리도 전부가 아니라
합치는 소리가 절실하다

왼손 바른손 모두 열 손가락 전부를
쥐며 펴며 자유로우라고 길고 짧다
그런 손을 언제까지 손마디 똑같게
주먹 쥐고 무엇을 쥘 수 있겠는가
세상은 자유라는 불균형에서 조화를 찾아
생존 경쟁을 지향해 발전해왔다

이제 열 손가락을 지혜롭게
쥐락펴락하며 자유로운 세상에 살 건가
아니면 팔자 드세게 주먹 쥐고
어느 한쪽을 위해서나 펴 보이는
무조건 손뼉 치며 살아갈 건가

물과 껍질

윗물 속물 흐린 물
맑은 물 없이
흙탕물은 또 어디서 생겨났으며
담아 마실 바가지는 어디서 났을까

그 껍질이 없이
알맹이가 있을 수 있었겠는가
망각하게도
눈에는 먹을 것만 보이기 때문일까

욕심은 달콤한 알맹이만이
혀끝을 달래 줄 것이라고
하나 마나 한 소리에 귀가 멀고
눈이 멀면 앞을 못 가린다

맑은 물도 그릇을 넘으면
오물이 되듯이
껍질 벗어난 알맹이 쉬 썩게 마련인데
생판으로 생긴 알갱이는 가짜다

북한산 까마귀

백운대 인수봉 신수가 좋아
모여든 산봉우리마다 골짜기마다
자리 잡고 앉아 있는 바위 궁둥이에
진달래꽃 입술이 붉게 번지는데
소나무 가지 붙들고 흔들어대는 까마귀
날 보란 듯 오줌똥 갈기고
한다는 소리 까욱 까욱

언제부터 텃새가 돼 버렸나
저 까마귀 몇 마리
이제사 붉은 피가
공작새 피를 닮았노라고
허허로운 소리 까욱 까욱
북한산 봉우리를 오르내리며
목소리도 크게 소란피우네

독불장군

어쩌다 세 독불장군이
힘자랑을 하게 되었다
죽기 아니면 살기로
자존심이 문제다
그렇다고 한판 붙어 봐야
셋 다 다칠 게 분명하니
달래 보고 엄포를 해보지만
양보란 있을 수 없어
가위바위보를 하기로 했다

강해 보이는 쪽은 가위만 고집하고
약해 보이는 쪽은 밑질 게 있나
바위만 고집해 더 세게 나오고
또 한쪽에서는 어정쩡하게 보만 고집하니
좀처럼 결판이 쉽지 않다
결국 곁눈질로 의기투합해
어느 한쪽에 배신하는 결과가 되더라도
노리는 것이 있으면
당하는 쪽이 있기 마련이다
나중에 겸연쩍어할 일 아닌데

이제 알 것도 같은데

언제까지 앞사람의 그림자를 밟으며
사라지라 소리칠 것인가
또 앞선 사람은 태양을 등지고
뒤돌아보고 머뭇거리며
그림자 살필 것인가
시간은 우물쭈물하지 않고
뒤돌아보지 않는데

태양이 떴다 지고 하는 한
그림자가 없을 수 없고
앞만 보고 걸어가도 갈 길이 바쁜데
모두가 그림자 시비로 날 저물고
밟고 지울 생각만으로
닥쳐올 먹구름이 해결을 볼까
이래저래 시끄러운 세상이다

이제 알 것도 같은데
하늘에 대놓고 불꽃놀이에 미친
흥분한 불 다발이 날아와
내 이마 위에 떨어질지 모르는데
허구한 날 그림자 밟고 지운다고
어느 세월에 어두운 구석이
햇빛으로 채워질까

네 박자 소리

한강은 바다를 향해
말도 많고 탈도 많게
이제나저제나 바라보는 물결은
소란스럽게 교각에 엉켜 흐르고

울음과 웃음만이 아닌 광란이
지칠 줄 모르게 서울 한복판에서
청계천 물줄기에 실어 흐르는
사라지지 않는 씁쓰레한 한숨이
언제까지 얼을 녹여 흘리려나

투덜거리며 흘러가는 한강이며
낙동강도 대동강도 언제까지
눈물과 원망의 물결이 만나지는 바다
서해를 향해 섬과 섬 사이를
오늘도 고기잡이배들이
주변 네 박자 소리(주변국) 들으며
물살을 가르는데

미덥지 않은 것은

당신이라면?
나라면

국민이라면
누구나 나라를 사랑해야 하지만
미덥지 않은 것은

내가 아니라
당신이 아니라
나라가 아니라
큰소리치는 자리도 아니라
그 자리에 앉아
딴짓거리가
미덥지 않기 때문이다

그럴듯한 말들은 잘해
서로가 선한 눈으로 바라볼라치면
이때라 싶게 딴짓이 문제다

교각(橋脚)

한강물은 서해를 향해
언제까지 한을 담아 흘러가야 하나
당대에 바라보는 물결의 빛은
이런저런 불꽃이 소란스럽게 비치고
거기에 단근질하는 소리도 요란하다

기구한 운명이라기엔
흐르는 저 강물이 부끄러워라
알다가도 모를 세상 안팎에 비정함을 담아
물결은 반백 년 기적의 교각을 부딪치며
어쩔 수 없이 서해를 향해 씁쓰레하게 흐른다

투덜대며 흘러가는 한강물은
임진강 하구 물줄기를 끌어안고 흐르지만
석양의 노을빛은 먹구름에 가려져도
검붉은 물결을 비집고 흰빛을 일으키며
오늘도 바다를 향해 흘러간다

부서지는 소리

부서지는 소리
거칠게 비바람 몰고 와
창틀이 부서져라
두들겨대는 저 어둠에
한스러운 몸부림

보다 못해 흐느낀들
들어주는 이 없고
들여다보는 이 어둠뿐
캄캄한 네모진 구석에
눈물이 뿌려지고

창밖에 몸 사린 정원에
마구 흔들리는 나무 군상들
넋을 놓고 이 밤이 다 가도록
비바람을 맞고 있네

저 소리 들리는가

이글거리는 불판에
살점이 타들어 가는 소리
낙엽이 떨어져 밟히는 소리

그 푸르던 여름날에 나뭇잎이
이끼 낀 반석 위에 낙엽 져
불판이 돼 불사르고
술잔 부딪치는 소리 들리는가

화려한 해 끝은
미처 저물기도 전에
동천 하늘에 회색빛 차가운
동장군 머리부터 들이미네

제5부

목련꽃 그리네

숯이 되어

이 마음
새까맣게 타들어 가
숯이 되어
그 숯으로 멍든 자화상을
몇 마디 시선(詩選)에 그리리

이제 알 것도 같아
절망과 희망을 동시에 주는
그 누군가에게
실망을 주지 않기 위해
배신할 수 없다는 것을

나는 그를 몰라도
그는 나를 잘 알기에
나에게 이렇듯 다짐을
흙 한 줌 될 때까지
시 한 줄 찾아 나서리라고

예쁜 사람아!

하루하루의 삶이 조심스럽게
살얼음판을 걸어가기다
그대 손을 놓고 혼자서 가기나
손을 잡아 주며 같이 가기나
불안하기는 매한가지다

차라리 돌덩어리를 짊어지고
금덩어리라 여기면 가벼우랴
속상해하기보다 너스레를 부려
어쩌면 그리 예쁘냐고
그래그래 예쁜 사람아 불러본다

오늘은 또 무슨 일로 속 끓이며
어떤 예쁜 모습을 보여 주려나
밥상을 마주하고도 얼굴을 살피고
고분고분 따라 주고 잡아 주는
따스한 연출을 해본다

아! 당신

하루가 다르게
머릿속이 풍선처럼 바위처럼
비워지고 굳어져 가는구려
넋을 놓은 채
생각은 안개 속에 머물고

어쩌면 몸은 수렁 속에 빠져들고
속은 숯검정이 다되어
불꽃은 없이 하얗게 타들어 가
그만 재만 쌓여 가나 보다

굳어져 바위처럼 무겁기만 한
덩치 앞에 속수무책이라 한숨뿐
망가져 가는 모습을 지켜볼 수 없어
친정에다 대고 소리 질러 본다
방법이 없냐고

아직은 불씨가 식지 않았다

식어 가는 숯검정 속에 불꽃이
잿빛으로 묻혀 가는가

침상에는 벗어 놓은 허물처럼
구석구석 달라붙어 숨죽이고
생기 없이 시계 소리만이
정적을 실어 나르는데

불꽃은 사그라들지만
불씨는 식지 않은 열기로
119구급차에 몸을 실었다
응급 치료에 들어갔지만
술렁이는 대합실에서도
초조하게 불씨를 다독일 뿐
수선스러운 공기가 스치고

이 사람 저 사람 간호사며 의사들이
가랑잎 바람에 날아다니듯
꽤나 분주하고 어수선하다

지루하게 기다리는 동안
팔뚝에서 피를 뽑고
기력유지 주삿바늘이 꽂힌 채
MRI 촬영에 들어갔다
내가 할 수 있는 일은 아무것도 없이
그저 바라보고만 있어야 하다니

금자란 보라며

화분 속 금자란 한 포기가
여러 해를 거쳐 예닐곱 포기로 늘어나
해마다 분갈이를 한다면서도
아내가 잘못 건드릴까 걱정하는 바람에
내버려 두어 몇 배로 늘어났다

하나의 화분에서 화려한 꽃이
4월부터 시작해 5월 내내 차례로
하나하나 꽃대가 솟아나 송이 져
별과 같은 모양의 붉은 오렌지색 꽃이
폭죽 터트리듯 피어나고 있었다

그 화려한 금자란을 보라며
아침 잠자리에서 일어나자마자
자리를 차지하고 바라보던 아내는
한 잎 두 잎 떨어지는 꽃잎처럼
웃음도 울음도 말라 가듯이
한숨 속에 맥없이 시들해져 갔다

그저 멍하니 바라만 볼 수밖에 없는
하루하루 시들한 시간을
숨 쉬는 소리로 채워지며
자리를 지키다 졸음에 겨워
눈이 감기면 힘없이 떨어지는
꽃잎을 꿈결에서도 보고 있었을지

울음도 말라

울음도 말라 버렸나
진이 다 빠져나간 표정에
머릿속은 안개 속에서
탈진해 허우적대고

하루하루를 감당하기 어려움이
그저 남은 시간 넋을 놓고
숨 쉬는 소리로 채워져
이 자리를 지키고

시름없이 베란다를 내다보며
이렇게 살아 무엇 하느냐고
한숨 소리도 메말라져
나른해지면서도

그래도 이 자리를
차마 떠나기에는 저 베란다에
활짝 핀 금자란을 바라보며
속으로 울고 있었을 것이다

망막(茫漠)한 벽 앞에

내미는 손을 잡아 일으켜 세워보지만
천근만근 무겁게 늘어져
바위같이 주저앉은 몸이
모래언덕이 돼 날마다 몰려오는
병마의 바람 앞에 무너져 내리고

성한 곳 없이 온몸의 삭신이 풀려
힘줄 수 없으니 이래서야
유일한 나들이가 병원에 가는 일인데
제발 힘 좀 내봐요

지금 병마에 끌려 어디쯤 가고 있는지
돌아오는 길은 가볍게 손잡았으면
이제 무엇을 어떻게 해야
당신을 향해 후회 없을까
생각해 보지만 눈앞이 캄캄할 뿐

그래도 때로는 꿈꾸듯이 곁에서
과거 속을 들고나며 흥얼거리지만
방금 벌어진 일은 깡그리 기억에 없이
시름시름 머릿속은 비어만 가니
앞이 망막한 벽입니다그려

어둠의 사막

사막의 오아시스를 찾아
신기류만을 바라보며
둘이서 부축해 가며 헤매듯이
이 병원 저 병원을 찾아다니던 어느 날

얼마나 가야 이 사막의 언덕을 벗어날지
앞이 캄캄해 지쳐 있을 때
도움의 손길 요양원의 승합차를 만나
그만 잡았던 손을 놓아 버리게 된 것이
이제 와 끝내 후회스러워지다니

지쳐서도 애써 잡고
놓지 않았던 내 손을
힘이 빠질 대로 빠진 그 무덥던 날
사막에서 손을 놓친 것이 되었으니

이제 와서 정신없이 사방을 둘러보아도
사막에 묻혀 갔을 그 사람을
울부짖으며 소리쳐 불러 보아도
망막한 어둠 속에서 찾을 길은 없다

이제 그 사막에서 훌훌 털고
오아시스를 뒤로하고 떠났을 그 사람
하늘나라에서 영원히 편안하기를
빌 뿐 내가 도울 일은 아무것도 없다

이제 그 사람은 아니 보이고

주인 잃은 자리에
손때 묻은 잡다한 물건들만 남겨져
언제까지 기다릴 태세로
슬프게 쳐다보고 울고 있다

싸하게 밀려오는 아린 가슴
북받쳐 오르는 서러움 누를 길 없어
울어 보지만 들어 주는 이 없이
방 구석구석 차 있는 생각들

정이 배인 물건들은 서로 끌어안은 채
이제 우리는 어떻게 하라고
쳐다보는 눈망울이 가슴에 와 박혀
에이는 아픔 참을 길 없어 눈물만 흐르고

그렇게도 괴롭고 슬프고 고통스럽던 자리
향기 아닌 향기가 눅눅히 배이고 젖도록
꼼짝 못 해 원망과 신음 소리마저 없이
열 통 속 매미 소리에 묻혀 사라져 갔나

바람처럼 나타난 천사의 손이 데려갔나
낮이나 밤이나 누워 있던 자리에
부르면 왜하고 달려가 보던 그 사람
이제는 자리에 보이지 않네

옆에 아무도 없어

꿈결에서 깨어나면
들려오는 벽시계 소리
몇 시나 되었을까
일깨워지는 하룻밤의 순차
일어나 앉으면 생각나는 이
보이지 않는 옆자리

어른거리는 영상이 스치며
세찬 바람이 몰려오는 이명(耳鳴) 소리를
몇 번에 기침 소리로 물리치고 나면
눈가에 습기가 열을 식히고
젖어 드는 마음 아리게 파고드는
방 안 가득 정적(靜寂)이 옥죄어진다

한숨을 돌려 보느라
펜을 들어 긁적거려 보지만
생각은 좀처럼 평정(平靜)치 않고
마주한 주인공은 허공에서
어른거릴 뿐
맥 풀린 손목은 힘을 잃은 채
옆을 보니 아무도 없다

그 목소리

내 주위가 달라진 것은
비어 있는 자리에서
있어야 할 진득함이
풍겨나던 훈훈함이
커피잔에 채워질 뿐

찻잔을 들여다보면
지난날 갖은 애환이 서려
한숨과 시름이 겨워
창밖을 내다보지만
가슴 아리게 후비는
갈래갈래 아픈 생각들이

시곗바늘 제자리를 맴돌아
재깍재깍 소리만 들리고
여보! 하고 불러 보던 그 모습
그 목소리가 그리워지고
창 넘어 들어온 햇빛이
빈 의자를 차지하다 사라지고

창밖을 내다보던 자리

마주 앉아 창밖에 늘어진
나뭇가지에 새들이 날아와
깃털을 다듬는 모습을 보이다가
금세 어디론가 날아가면
마주 보고 서운해 하던 자리

어느 날은 까치 한 쌍이 날아와
반가워하던 모습이 어제 같은데
이제 쓸쓸히 흔들리며 나를
들여다보는 저 나뭇가지에
혹시나 무슨 새가 날아와 앉을까
기다려지는데

쓸쓸한 그리움에 하루하루가
허허로이 흘러가는 자리에
뵈는 듯 들리는 듯 떠올리며
시름에 겨워
시 한 수로 마음 달래 보네

사랑의 연못

청명한 가을하늘이
나를 불러내 뒷산에 오르니
둘이서 밤톨을 줍던
그 사랑의 연못은 보이지 않고
낙엽만 쌓이고 밟히고

햇살이 소슬바람 앞세워
단풍잎 떨어져 바스락대는
그리움의 목소리
귓가에 메아리로 들리는 듯
눈앞에 서성이는 그림자 여기저기

아! 날마다 해마다
고생 끝에 가을이 와
단풍잎 곱게 물드는가 싶더니
그 사랑의 연못은
이제 낙엽 속에 묻혀 버리고

저 둘레에 늙은 나무들
구부정한 소나무며 밤나무
어디다 마음 붙이고
거울삼아 주름진 얼굴을
마주하고 바라보리

목련꽃 그리네

그리움의 여인 목련꽃
화려함보다 복스러움이
순수해 정을 나누며
하얀 속내 펴 보이는
그런 꽃이기에 사랑했다

그렇게도 탐스럽던 꽃잎
이른 봄 몇 날을
개나리 진달래꽃들과
잘도 어울리는가 싶더니
간밤 모진 비바람에 떨어져
눈물짓고 말다니

해마다 춥고 어수선하던
바깥 날씨를 잘도 참아내고
이른 봄 창밖 너머 언덕에
해마다 피어나던 그 목련꽃
이제는 홀로 먼발치에 두고
때 없이 그리워하네

잊고자 해도

잊고자 해도
잊히는 게 아니기에
그냥 그러라고
창가에 서성이고

하루같이
창밖을 내다보는 나뭇가지에
혹시나 그때 그 새들이 날아와
그리움을 나눌까

내다보는 하늘은 높아지고
더위를 식히느라 무성하던 나뭇잎은
가을이 와 한 잎 두 잎 낙엽 져
어수선하게 바람에 날리고

북풍한설을 맞을 당찬 기세로
뻗어 솟아 있는 나뭇가지 사이에
한 조각 흰 구름만이
산등성이를 넘고 있네

그 사람

이 겨울에 그 사람
생각은 부질없는
그리움의 시선이 추억을 더듬고
다시는 볼 수 없음에
이제 와 무슨 말을 할까

창밖의 나뭇가지에는
화려한 단풍잎으로 마감하면서
봄이 오면 다시 찾아와
녹음 짙은 모습을 보일 거라고
가지 끝에 눈도장을 찍고
엄동설한 아랑곳하지 않는데

그 이름의 그 사람은
속절없이 떠났음에
한겨울 누굴 기다리며
눈발 휘날리는 이 겨울을 날까
차갑게 날리는 눈송이 속에 행여
그 사람의 손짓인가 바라보네

이 마음 바닷가에

고독한 파도가 한결같이
밀려왔다 밀려가던 어느 날
갑자기 태풍이 몰려와
백사장에 발자국 하나 남김없이
지워지고 떠난 하늘에
갈매기 울음소리 가슴 치는데
그 바닷가에 홀로 서서

허전한 마음에 파도가 이는데
애틋한 사랑의 고리를 지니고
힘들게 걸어온 길을 밟으며
한 줌 모래알을 쥐었다 펴 보니
남은 그대 온기뿐
이제도 내 품에 안겨 있음에

가슴 아리게 아파하며
기다림 부질없는 바닷가에서
소리쳐 불러 본들 파도 소리뿐
거칠게 밀려왔다 밀려가는
바다 지평선 저 너머 하늘가에
그대 모습 떠올려 보는 이

마음의 벽

눈은 빛이 있어 벽(壁)을 가리고
빛은 눈들이 있어
세상을 더욱 밝게 한다 하리라

모름지기 살아가면서
눈과 빛은 생명을 지니고
잘사느니 못사느니 밝히고 따져보느라
상처 난 마음의 벽을
내시경이 비춰볼 수 없다는 것

이 미완의 정체인 마음 한구석에
시간은 아랑곳하지 않은 채
잠재된 암적 갈등의 벽을
신만이 들여다볼 수 있는 영역인가

통곡

바람아!
무엇이 소원이었더냐
그만 바위처럼
가슴을 짓눌러버려라

하늘이여!
믿음이 없었다면
차라리 파도처럼
순간을 삼켜버렸을 것을

아!
잊지 못할 실망의 상처를
잊고 살기엔
통곡할 힘이 남아있구나

문학세계대표작가선 940

허적인 세월

이상엽 제3시집

인쇄 1판 1쇄 2021년 1월 29일
발행 1판 1쇄 2021년 2월 5일

지 은 이 : 이상엽
펴 낸 이 : 김천우
펴 낸 곳 : 도서출판 천우
등   록 : 1992. 2. 15. 제1-1307호
주   소 : 서울시 성동구 무학봉28길 6 금용빌딩 2F
전   화 : 02)2298-7661
팩   스 : 02)2298-7665
http://moonhak.wla.or.kr
E-mail : chunwo@hanmail.net

ⓒ 이상엽, 2021.

값 13,000원

＊도서출판 천우와 저자의 서면 동의 없는 무단 전재 및 복제를 금합니다.
＊저자와의 협의에 따라 인지는 생략합니다.

ISBN 978-89-7954-836-5